BOLERO

Maurice Ravel

(✻) *El pasaje entre los 2 signos ✵ y ✵ se interpreta en el original, 4 veces seguidas por diferentes instrumentos, comenzando PP y aumentando hasta ff*

La 1ª vez, ejecutar las 16 medidas siguientes, en la m.d. una octava mas baja